AF321896

L'OPPOSITION DYNASTIQUE

et

L'ATTENTAT

DE FONTAINEBLEAU.

PAR L. VÉNET

Prix : 50 centimes.

PARIS

COMPTOIR DES IMPRIMEURS-UNIS,

— COMON, ET Cie, —

15, quai Malaquais

1846.

Imprimerie Dacessois, 55, quai des Augustins.

L'OPPOSITION DYNASTIQUE

ET DE

L'ATTENTAT

DE FONTAINEBLEAU.

———◇———

Je n'accuse pas l'opposition constitutionnelle, sur l'exemple de quelques feuilles de la province, d'être directement solidaire de l'attentat de Fontainebleau, soit par l'effet du célèbre discours de M. Thiers, soit par l'effet des provocations de ses journaux, — ce serait au moins très-exagéré. — L'opposition a, Dieu merci, bien assez de torts sans qu'on lui en prête d'imaginaires, et son affaiblissement continu lui donne bien assez de honte sans qu'on y ajoute la honte pour elle de se sentir frapper à terre.

La seule injure permise envers les impuissants qui ont fait ou voulu faire beaucoup de mal, c'est la pitié : Je ne veux pas non plus injurier l'opposition. Je ne veux, à propos de la dernière tentative de régicide, que lui faire la part de solidarité morale qui lui en revient et dont elle croit s'être affranchie à force de discussions confuses dans les colonnes de ses deux principaux organes le *Siècle* et le *Constitutionnel*. Je ne veux que constater, ce que l'on ne me paraît pas avoir fait suffisamment, celle de ses nombreuses inconséquences d'esprit qui ont eu les résultats les plus graves et lui méritent le plus la défiance et la rancune des bons citoyens : son inconséquence à l'égard de la Couronne.

L'opposition s'est baptisée *constitutionnelle* et *dynastique*. Ainsi, quand bien même la constitution ne lui imposerait pas le devoir d'honorer, d'affectionner et de respecter le souverain comme personnification du principe de la royauté, et de contribuer par tout l'effort de son civisme à faire prendre à ce principe le haut rang auquel il a droit dans l'esprit et le cœur du peuple, ses opinions, ou du moins le titre qu'elle s'est donné, l'y porteraient naturellement.

Elle ne le fait pas. Elle ne l'a jamais fait. Elle fait tout le contraire. Et il résulte de l'antipathie ou de la tiédeur monarchique de l'opposition, des faits déplorables dont elle ne portera jamais assez la peine.

Mais il est nécessaire d'éclairer les principaux objets de la discussion avant de les mettre en mouvement.

Le pouvoir royal, que l'opposition ne se lasse pas de maltraiter sous les plus frivoles prétextes, est enclos dans la constitution si étroitement, qu'il ne peut même pas produire tout le bien qu'on en doit attendre. Néanmoins la manière judaïque dont on interprète l'esprit de la Charte, va jusqu'à faire un reproche à la Couronne du glorieux éclat qu'elle projette sur la France et des services qu'elle nous rend. L'opposition voudrait qu'elle ne fût que l'auxiliaire des autres pouvoirs de l'Etat, alors que son immutabilité, l'intérêt de sa propre conservation, le point élevé et lumineux qu'elle occupe, l'appellent à une domination légitime.

Il ne faut cependant pas aller bien loin pour découvrir la preuve du très-peu de part que prend la Couronne au gouvernement. Il ne faut que se rappeler la polémique de cette dernière quinzaine. Lorsque l'on songe qu'il a été possible de fournir une telle discussion pour savoir si le roi doit ou ne doit pas gouverner, et combien, et comment, et à cause ; lorsqu'on songe qu'après des concessions réciproques et la mise au jour d'une centaine de tirades de raisonnements, la chose demeure presque douteuse, on arrive à se dire que sans doute le Roi ne gouverne pas beaucoup, car s'il gouvernait largement, l'opposition n'aurait pas attendu jusqu'à ce jour pour s'en apercevoir, incertaine qu'elle est du droit de la Couronne à cet égard ; — cela serait hors de discussion.

Cela s'est discuté !

Il s'est trouvé douze à quinze feuilles quotidiennes pour soutenir avec une conviction de musulman et une vigueur de taureau que le Roi ne doit pas gouverner ! — Et notez que la Charte l'y autorise, ou plutôt l'y oblige expressément.

Mais qui donc gouvernerait, sinon lui ?

Les Chambres ?.

Les Chambres, d'après la Charte, n'ont droit qu'à la puissance législative. Leur action sur la puissance gouvernementale, par le blâme ou l'acquiescement, est sans doute nécessaire ; toutefois, on s'explique que cette action doive s'exercer très-modérément pour aboutir à de bons résultats : le rôle d'observateurs est le seul qui convienne à nos députés, puisqu'ils ne sont tenus ni au savoir ni à l'expérience, ni à aucun des mérites nécessaires pour gouverner.

Les ministres?

Nous en avons aujourd'hui qui se préparent une noble place dans l'histoire. Leurs successeurs ne les vaudront pas. L'habitude de discuter et de conduire les affaires peut les rendre habiles à la longue; mais en attendant les fruits de cette longue habitude, ne devrions-nous pas craindre de payer bien cher leur difficile apprentissage?

Le Roi seul doit donc gouverner, parce que seul il est à même d'acquérir la multiple expérience que réclame le gouvernement d'un grand peuple; parce que les ministres et les députés passent, tandis que lui reste, et, témoin attentif des luttes et des fautes de tous les partis, il recueille dans ce spectacle, nécessairement plus qu'eux et plus que personne, un bénéfice de prévoyance et de sagesse. Le Roi doit gouverner enfin,—qu'on me permette l'expression un peu familière,—parce que c'est son état; parce que dès le berceau il apprend à gouverner; parce que tous les jours de sa vie n'ont d'autre emploi que l'étude du gouvernement des hommes et des choses; parce que seul il possède les traditions de la diplomatie et de la politique s'appliquant aux grandes affaires du dedans et du dehors; parce que seul, alors que les ministres et les chambres s'usent, se renouvellent, tombent ou meurent, il est toujours là pour suivre du regard et de la main la marche lente et compliquée des intérêts nombreux, dont pas un autre que lui ne sait avec exactitude les antécédents, le but, la valeur et la difficulté.

Pour gouverner une grande nation, ne faut-il pas connaître tous ses tenants et aboutissants internationaux? Les puissances étrangères ont aussi leurs intérêts, leur diplomatie et leur expérience, antagonistes des intérêts de cette nation; tout cela doit être connu et surveillé traditionnellement, le simple bon sens le dit. Ne voit-on pas que confier la puissance gouvernementale à un ministre venu de la veille, au ministre le plus habile même, ce serait confier une partie d'échecs, au moment le plus difficile, à un joueur qui n'en aurait pas suivi les combinaisons; son adversaire, faible fût-il, l'enlacerait dans les mailles inaperçues d'un réseau de prévoyances tissé lentement, et lui ferait à coup sûr perdre la partie.

Le Roi gouverne seul! — sous la responsabilité des ministres et sous l'œil des Chambres.

Il n'y a que la mauvaise foi ou l'ineptie capables d'imaginer un Roi qui règne et ne gouverne pas; c'est-à-dire, qui regarde béatement et timidement la machine nationale fonctionner, comme un curieux bourgeois regarde une mécanique mue par la vapeur, bouche béante, et tenant en ses mains les basques de son habit par crainte de se laisser prendre dans les engrenages.

Ainsi le Roi gouverne et il gouverne bien. Ainsi le comte de Paris, de même que son fils et son petit-fils, gouverneront et gouverneront bien : — Cela résulte des prévoyances de la constitution qui entraverait plus que suffisamment le pouvoir royal s'il penchait vers l'abus; cela résulte de leur expérience, de leurs travaux, de leurs études appliqués sans cesse et avec un soin extrême à la science du Gouvernement; cela résulte de leur royale immutabilité que la Charte apparemment ne consacre pas pour rien.

Mais tout le monde ne voit pas les choses de cette façon simple et naturelle. Il faut reconnaître que malgré notre parfait état de calme, le principe de la royauté a subi depuis soixante ans une certaine dépréciation, et qu'il existe à son détriment, dans l'esprit d'une portion du peuple, un préjugé dangereux et regrettable. Regrettable surtout, puisque le pouvoir royal, emprisonné dans les liens d'une constitution très-sévèrement prévoyante, en outre gêné dans son exercice même le plus utile par les libres allures de nos habitudes et de nos mœurs politiques, peut faire beaucoup de bien et ne peut pas faire de mal.

Les lumières de la raison permettent de comprendre l'excellence de ce pouvoir ; mais la raison peu lumineuse des masses, qu'obscurcit encore un fatal préjugé, est évidemment impuissante à se rendre compte du caractère abstrait d'un tel principe. Ce qu'elles savent de la royauté leur vient de l'éducation domestique faite par les contemporains de l'époque révolutionnaire et de l'empire, haineux des tyrans et maniaques de victoire, ou de l'éducation politique faite par des centaines de mille de mauvais écrits qui s'opiniâtrent à n'envisager la puissance royale, comme la puissance religieuse, qu'au point de vue de leur vieille histoire et de leurs torts passés.

Dans cet état d'esprit d'une portion de la multitude, pour laquelle un roi n'est toujours qu'un ennemi plus ou moins mal intentionné, au mieux une bouche avide où s'engouffrent les millions en pure perte, on entrevoit le rôle obligé des hommes de bon sens et de cœur, le rôle des hommes honnêtes et intelligents, de ceux surtout que favorisent les sympathies de la multitude. S'ils peuvent arriver jusqu'à elle et l'influencer par le retentissement de la tribune nationale ou par le verbe quotidien de la presse, ils doivent d'abord, d'abord et avant tout, se souvenir qu'au milieu de l'arène tant piétinée de nos discussions, trône dans une étroite sphère où la constitution le retient esclave, un principe dont la nature est fort délicate, dont la valeur est mal appréciée, dont la convalescence, après de nombreuses crises, réclame des soins assidus, dont l'affermissement importe à tous les partis, à toutes les idées, à toutes les libertés, à tous les intérêts, qui chacun ont besoin de la sécurité parfaite que leur assure la force de ce principe pour se produire ou se combattre sans crainte ni gêne.

Un tel rôle n'a rien que d'honorable, et il convenait à l'opposition dynastique plus encore qu'au parti conservateur. Ce parti, en effet, représentant des idées utiles et froides mieux d'accord avec les nécessités présentes de notre état social qu'avec le caractère fiévreux de la race française, n'influence peut-être pas assez les masses, impopulaire qu'on le rend d'ailleurs au moyen de calomnies de toutes sortes; tandis que l'opposition, représentant un je ne sais quoi de chaleureux qui agrée à la partie la plus remuante de notre population, est très-bien placée pour agir sur les erreurs du peuple, eu égard à la royauté.

Mais nous voici au fond de la discussion, mettons-y de l'ordre.

J'ai dit que le principe de la royauté n'était pas suffisamment populaire, et j'ai dit pourquoi; j'ai brièvement indiqué le devoir de tous les bons citoyens que leur influence met à même de poursuivre avec succès le résultat si désirable de la solidification de ce principe : j'ai aussi constaté qu'il pouvait, sans que les libertés publiques en reçussent la moindre atteinte, prendre la plus haute place dans le respect, dans l'estime et dans l'amour du peuple; et j'ajoute pour fortifier une antécédente observation trop peu précise, que la royauté, ayant des ennemis radicaux dont les menaces la poursuivent sans cesse, a d'autant plus besoin de la protection affectueuse de la classe moyenne tout entière que, dans un jour de deuil ou d'orage, le parti républicain ne manquerait pas d'utiliser l'indifférence monarchique des moins clairvoyants de cette classe, avide qu'il est de substituer au trône constitutionnel son lit de Procuste égalitaire, où les hommes de l'intelligence, du travail, de la probité, de la vertu, et de tout ce qui fait les dominateurs naturels de la tourbe sociale, se coucheraient pour ne pas se relever.

Voyons maintenant ce que devrait faire l'opposition, prise telle-quelle, avec son caractère et son tempérament moral : car on n'a pas le droit de lui demander l'impossible, ni de lui reprocher les torts de la nature.

L'opposition reflète notre caractère national dans ce qu'il a de moins heureux, sinon dans ce qu'il a d'exceptionnel : l'enthousiasme irréfléchi, le goût de la dispute, le penchant à avoir toujours raison même à l'aide de la violence ; l'orgueil, qui ne veut se soumettre à aucune autorité, qui traite en ennemis ses contradicteurs les plus modestes, qui hait le pouvoir parce que le pouvoir dit toujours avant d'agir : « cela est-il bon, cela est-il juste, » ce que l'orgueil ne dit jamais ; par suite la soif du bruit, de l'éclat, de la gloire,—avec un fonds de générosité capricieuse s'appliquant bien moins au droit qu'à la faiblesse.

Voilà les points sympathiques entre le caractère national et l'opposition. Ses organes dans la Chambre élective et dans la presse ont beaucoup de mond errière eux on ne saurait le nier! Ils pouvaient donc rendre de grands services ou nous exposer à de grands maux : nous exposer à de grands maux en surexcitant les folles habitudes d'esprit que je viens d'indiquer, rendre de grands services en les modérant, tout au moins en ne leur laissant pas prendre une direction qui menace la base de l'édifice social et le ferait crouler sur tous à la fois.

Parlons des services d'abord.

L'opposition, c'est-à-dire, quelques orateurs de la gauche et quelques feuilles quotidiennes d'une immense publicité, attaquent le ministère conservateur simultanément par la tribune et par la presse. La tribune retentit, au moindre motif, des griefs de MM. Thiers et Barrot qui s'efforcent de prouver au pays l'insuffisance du parti conservateur. Ils accusent le gouvernement de circonspection trop grande, de faiblesse, d'humilité même dans ses rapports avec le dehors; ils lui reprochent de ne pas faire assez pour les besoins du peuple, de soumettre à une compression inique et maladroite les idées de progrès, les tendances libres et glorieuses du caractère national, et de compromettre, sous prétexte de prudence, les intérêts généraux de l'humanité en abandonnant la cause des peuples qui luttent contre leurs oppresseurs.

La presse, d'un autre côté, attaque le pouvoir avec des armes moins parlementaires. Ce que disent ses patrons à la tribune, elle le paraphrase énergiquement; elle fulmine chaque jour des malédictions contre les ministres, contre les fonctionnaires, contre le corps électoral, contre le parti conservateur du premier au dernier de ses adeptes.

Ce qui est mal, elle le flétrit; ce qui est bien, elle le conteste ou le tait; ce qui est douteux, elle l'affirme; ce qui n'est pas, elle l'invente, — afin de détruire dans l'opinion publique l'autorité de ceux qu'elle croit ne pas gouverner selon les désirs de la nation.

Eh bien quoiqu'il m'en coûte, je ne l'en blâme pas ! Je ne blâme pas davantage les tentatives de MM. Thiers et Barrot pour remplacer au pouvoir les hommes et les idées qui l'occupent. Cette guerre incessante est de leur droit; dans ses excès même elle est peut être utile : le parti conservateur représente si l'on veut quelque chose comme la sagesse froide, comme la raison dépourvue de poésie, et s'il n'était stimulé par les exigences d'un parti qu'animent des sentiments plus vifs, on pourrait craindre qu'il ne poussât peu à peu la sagesse et la raison jusqu'à l'égoïsme, ou qu'il ne s'endormît à mi-chemin de sa tâche, en disant que rien ne presse et qu'on peut attendre le surplus. D'ailleurs, les torts parfois embarrassants du caractère national peuvent à de certains jours nous devenir de puissants auxiliaires : la France n'est pas seule sur le globe! D'ailleurs surtout, la liberté, que l'on ne doit pas confondre avec la licence, ne doit pas non plus se confondre avec les inflexibles corrections de la sagesse; si les erreurs de l'esprit, les fougues de l'instinct, les élans généreux n'avaient pas le droit de se mouvoir dans le cercle constitutionnel où l'on discute les intérêts de la chose commune, — que serait-ce donc la liberté?

Au nom de cette jeune et audacieuse liberté que vous feriez prendre en horreur! pressez l'action du gouvernement, méfiez-vous des ministres, blâmez-les, entravez-les, — l'opinion publique, les lois s'il y a lieu sauront bien punir vos écarts! — et dussiez-vous leur échapper, de tels écarts ont encore une espèce d'excuse : ils infiltrent dans la vie nationale des usages de sans façon à l'encontre du pouvoir, qui nous garantissent que jamais le pouvoir, pris dans un sens personnel, n'empiétera sur la liberté, que jamais il ne songera à la restreindre, défendue qu'elle serait par des mœurs politiques, formidables et invincibles.

Mais le pouvoir royal ! Ce pouvoir autrefois sans contrôle, aujourd'hui réduit à n'être presque plus qu'une barrière élevée au bord de l'abîme des révolutions; ce pouvoir que nous avons enfermé dans une prison d'où il ne peut sortir sans se perdre, et d'où il veille avec une abnégative sollicitude sur les mille intérêts du peuple dont il est tout bonnement le gérant; ce pouvoir dont l'unique tort est d'être mal compris malgré tout ce qu'il nous vaut de prospérité et de grandeur depuis seize ans ! Ce pouvoir autour duquel se rangent, sans vous menacer jamais, les forces vives et énergiques de la nation; — quoi ! vous ne le respectez pas au prix de tant de licence que l'on vous tolère? Vous ne permettrez pas même qu'on l'affectionne, et il faudra le voir éternellement compris dans les attaques que vous dirigez contre tout ce qui se tient debout au milieu de vos ridicules farandoles?

Encore une fois, puisque la royauté est nécessairement bénévole et incapable de nuire, ceux-là qui exercent une facile influence sur les esprits prévenus, à moins de folie, ne devraient perdre aucune occasion de rectifier de fâcheuses erreurs et d'offrir l'exemple d'un attachement sincère pour la couronne.

On leur accorde de produire trois cent soixante-cinq fois par an de vigoureux pamphlets contre les ministres, et de donner à la nation des habitudes extra-viriles qui seraient une manière d'hypothèque prise par la liberté sur la royauté ; n'a-t-on pas le droit de leur demander en retour qu'ils aident le parti conservateur à fortifier, dans un intérêt commun, un principe que cinquante ans de révolutions et les souvenirs d'une lointaine époque monarchique ont déplorablement affaibli ? — ou de leur demander qu'ils amènent leur pavillon monarchique, s'ils ne le hissent que déloyalement, afin que le pays légal bien instruit, leur continue son mandat ou leur lance au visage sa dédaigneuse salive ?

Mais allons doucement, ne récriminons pas trop tôt.

Je disais que l'opposition pourrait, tout en suivant les zigzags de sa ligne indépendante, être fidèlement dévouée à la Couronne. Je dis mieux : elle le devrait, parce que la plus enthousiaste honorification de la Couronne ne comporte aucune espèce d'inconvénient, et tout au rebours offre de solides avantages. Nous lui avons ôté sa puissance absolue, gardons-lui au moins son prestige ; respectons-la égoïstement pour ce qu'elle nous vaut, affectionnons-la loyalement pour ses mérites personnels ; — et n'oublions pas, dans l'accomplissement de ce double devoir, que le respect est un sentiment négatif, une abstention silencieuse ou formulaire, et que l'affection seule se traduisant en actes, profite à qui en devient l'objet.

Bref, tout se fait valoir, tout se vante, tout se défend, tout s'affermit en France dans sa valeur et son utilité relatives ; la royauté par exception est attaquée et n'est pas défendue ! Le peuple la connaît mal ou ne la connaît pas ! Il en sent le prix et il n'en sait pas les mérites.

Il faut donc les lui faire connaître par le raisonnement et la lui faire aimer par l'examen. C'est un devoir si bien d'accord avec les intérêts de tous les partis, avec ceux de l'opposition même, que l'on éprouve un sentiment de répugnance et de mépris contre elle, lorsqu'on la voit s'opiniâtrer à méconnaître ce devoir.

Il faut, non pas une fois l'an et le lendemain d'un attentat, mais tous les jours, tous les jours! Il faut dire au peuple à peu près ceci :

Que la haute intelligence de notre roi, que sa sagesse, que sa force d'âme tant de fois éprouvée, appellent le respect de toutes les nations ; que la presse de tous les pays, libre ou censurée, monarchique ou radicale, anglaise ou américaine, civilisée ou sauvage, a pour lui souvent de plus gracieux éloges que les éloges du *Journal des Débats :* — tant de gens croient que la France étant universellement méprisée au dehors d'après les feuilles patriotes, son roi ne peut qu'être aussi méprisé !

Il faut dire au peuple, tous les jours! qu'à l'heure où l'artisan se réveille, à l'heure où il dort, à l'heure où il se promène ou s'enivre, à l'heure où il travaille et à l'heure où il ne travaille plus, le roi, lui, travaille déjà, encore et toujours, — et de quel poids est le travail d'un roi! — tant de gens croient que la royauté est une sinécure!

Il faut lui dire que les artistes, les industriels, les hommes de science, les hommes de guerre, les savants, les prêtres, les philosophes, les littérateurs, les écrivains politiques ; tous ceux, riches ou pauvres, auxquels la patrie doit sa fortune, sa paix ou sa gloire, sont les affectionnés du souverain qui encourage leurs efforts, récompense leur zèle, apprécie intelligemment leurs œuvres et les suit pas à pas dans leurs progrès : —tant de gens croient que la royauté est insoucieuse ou incapable !

Il faut lui dire que la Liste civile, grossie des revenus personnels du Roi et du concours de la fortune de S. A. Madame Adélaïde sa sœur, s'épuise chaque année dans une vaste et clairvoyante aumône, dans des travaux de toute sorte qui donnent à l'ouvrier le bien-être, au sculpteur, au peintre, à l'architecte, à la peuplade besoigneuse des artistes, l'aisance et la renommée ; dans des dépenses énormes de luxe et de comfort royal qui importent peu à une famille de goûts très-simples, et ne profitent qu'à notre orgueil hospitalier envers des hôtes illustres, et à notre aristocratie roturière de la science et du travail : — tant de gens croient que la royauté thésaurise et boit nos sueurs avec ses cousins les marquis !

Il faut lui dire qu'il n'est pas en France une grande entreprise, une grande usine, un grand atelier, depuis les forges, les fonderies, les filatures, les fabriques d'objets précieux ou de nécessité triviale, jusqu'aux mines de charbon ; depuis les arsenaux, les ports, les fermes modèles, les haras, jusqu'aux hospices même, que nos princes n'aient visité en laissant derrière eux une profonde surprise pour l'étendue et la précision de leur savoir : — tant de gens croient que nos princes sont élevés sur le modèle des lions de Tortoni !

Il faut dire au peuple que sans regarder de bien près autour de lui, il pourrait apercevoir dans chacun de nos 400 arrondissements, dans chacun de nos 5,000 cantons, des traces toujours nouvelles de la bonté de la Reine pour les malheureux. C'est par millions annuels que sa main discrète et pieuse verse le bienfait! La Providence n'épargne aucune épreuve à son cœur d'épouse et de mère: si elle ne craint pas une tempête sur l'océan ou une balle arabe, elle craint une balle française; et le prix de ses douleurs, de sa générosité, de sa vertu, ce sont des injures, des menaces, des coups de fusil pour tout ce qui lui est cher. Cependant elle ne maudit personne! Cependant, comme l'immuable nature qui ne se lasse pas de produire quand l'homme ne se lasse pas de détruire, la bienfaisance de la Reine ne s'interrompt jamais! Plus la reine souffre, moins elle se plaint; plus on la frappe, plus elle donne. — Tout le monde sait cela, répondent les journaux d'opposition dynastique. Oh oui, sans doute; mais personne ne le sait par vous.

Il faut lui dire, la rougeur au front, que cette veuve infortunée qui sème à pleines mains l'or, et les douces paroles plus précieuses que l'or, pour obtenir notre amour à son fils, éprouve toutes les angoisses de l'inquiétude dès que le Comte de Paris la quitte: elle craint sans doute qu'on ne le tue, et elle en a le droit! Mais si les terreurs exagérées d'une mère doivent faire honte à quelqu'un, n'est-ce pas à ceux qui plaident l'attentat de Fontainebleau comme une question de mur mitoyen entre la Couronne et les ministres, ou s'en occupent absolument comme d'un fait divers?— Que le *Siècle* et le *Constitutionnel* instruisent leurs lecteurs de ce maternel effroi, et le peuple entier couronnera l'enfant royal dans son cœur!

Il faut lui dire cela, et ajouter enfin : que la Couronne avec tous s fleurons, que le Roi avec tous ses fils, que la Reine a toutes ses filles, ne sauraient même goûter une minute de ce repos indolent qui fait la plus douce et la plus facile de nos joies, tels nombreux et minutieux sont leurs devoirs! La France, en effet, n'est-elle pas la première nation du globe par sa force matérielle et par sa force morale? C'est dans son sein que germent et se fécondent toutes les grandes pensées, bonnes ou mauvaises; c'est sur son sol que bataillent les intérêts, les passions, les utopies, le bien et le mal qui sont les régulateurs du présent et de l'avenir de la société humaine. Il faut donc dire que ce formidable mouvement avec ses échos du dehors aboutit toujours à la Couronne; que chacune des heures de l'auguste famille ne compte pas moins de travaux et d'ennuis que le cadran d'une horloge ne marque de secondes, et que les ambitions, les orgueils, les droits, les plaintes, les besoins, bien plus que les hommages, sollicitant chacun une bonne parole des lèvres royales, on ne peut s'abstenir de répondre à tout et à tous. Ainsi les jours du diadème représentatif, de l'éveil au sommeil, n'ont pas une minute de loisir: — tant de gens s'imaginent que le trône est encore un sopha où la royauté somnole à l'ombre d'un dais et au son de la musique!

Voilà ce qu'il faut dire au peuple, et lui dire sans cesse, parce que cela est utile, parce que cela est loyal, parce que cela est vrai; parce que le trône, fût-il honoré outre mesure et en un langage flatteur, la flatterie du fort à l'égard du faible n'a rien d'humiliant: le peuple anglais flatte bien la beauté de sa Reine! Mais l'opposition n'aurait pas à flatter, ici, elle n'aurait qu'à être juste, elle n'aurait, du haut de son olympe chargé de belliqueux phosphore, qu'à se croire la protectrice d'un pouvoir né du nôtre. Elle n'aurait, si les plaisirs de la querelle politique charment sa nature indomptable, qu'à imiter ces alcides de barrières qui avant le pugilat éloignent d'abord leurs femmes et leurs enfants. Oui, la royauté telle qu'on l'a faite souffre ce rapprochement ; c'est un conseiller habile, une maîtresse de maison intelligente et bonne dont la sagesse tempère nos fougues, limite nos écarts et nous contraint à la modération et à l'ordre. Elle peut dire lorsque le vertige nous emporte : *je m'y oppose dans votre intérêt*; elle ne peut pas dire : *je le veux dans le mien.*

Et cependant, personne dans les rangs inférieurs du peuple, n'ose aimer ni défendre, haut et clair, dignement et fièrement notre Roi et notre royale famille; on les honore avec réticence, on se croit tenu à en expliquer les motifs, et alors que l'unanimité du sentiment public leur est favorable, beaucoup croient professer une opinion exceptionnelle, parce qu'ils voient chaque matin dans leur *Siècle* quelque chose d'hypocritement hostile à la royauté.

Cela n'est qu'un malentendu, dira-t-on. Cela ne menace pas. Cela s'abstient voilà tout. Oui, mais arrive un mauvais jour, cela s'abstiendrait encore et cela provoquerait peut-être à mal faire en laissant faire.

Qu'aurait donc risqué l'opposition en contribuant pour sa part à affermir le trône qu'elle ne sait traiter ni en ami ni en ennemi résolument ? Enlève-t-il un seul clou de sa massue indépendante? Jette-t-il une seule goutte d'eau sur ses flammes patriotiques ? Ne lui laisse-t-il pas aussi bien que le parti conservateur toute la liberté fébrile dont elle use si indignement ? Elle risquerait de subir les moqueries du parti républicain peut-être ? Allons donc ! ce parti existe parce qu'on lui tolère la vie ; il n'existe pas ! Ce n'est qu'un reptile abrité sous les ronces de l'opposition ; si l'opposition arrachait bravement les ronces d'insouciance monarchique qui embarrassent ses pas, le reptile ne sifflerait plus même ; il sécherait au soleil de la liberté !

Nous retomberions dans la *courtisanerie?* dans la *camarilla?* dans le système du *bon plaisir?*

D'abord je ne saurais comprendre la *camarilla* ni la *courtisanerie;* ce sont des mots pour moi vides de sens et tout pareils aux notes d'une serinette qui gémirait des ballades du temps de François Ier.

Le *bon plaisir*, cela signifie, je crois, faire tout ce que l'on veut. Mais comment me prouvera-t-on que les plus généreux hommages rendus au souverain lui permettraient de faire tout ce qu'il voudrait ? Est-ce que la constitution n'est pas là avec ses menottes de bronze? Est-ce que les mœurs du peuple, aussi, ne sont pas là avec leur vigueur nerveuse, avec leurs allures de cavale à tous crins qui sont le fruit de vos leçons journalières de criarde indépendance ?

Le *bon plaisir* est un autre mot vide.

En vérité, je cherche tant que je puis des objections, je n'en trouve sincèrement aucune.

Je ne vois autre résultat de mon système d'honorification monarchique, que le spectacle d'un peuple libre et puissant, qui dans son intérêt même affectionne une famille dont toute la gloire consiste à faire le bien et à empêcher le mal, à recueillir des témoignages de gratitude pour l'accomplissement de ses nobles devoirs, à illuminer de son courage, de ses vertus et de son intelligence le trône sur lequel nous l'avons assise ; — et le bénéfice même de cette gloire est tel, qu'il nous garantit que l'on s'y tiendra ; car si la gloire d'un roi constitutionnel n'a point autant de lustre que la gloire d'un Louis XIV ou d'un Napoléon, elle n'aboutit pas à une vieillesse ennuyée et méprisée, à un 93 par la ruine des finances, ni à l'exil de Sainte-Hélène. Le plus ambitieux souverain ne l'échangerait pas à coup sûr contre la pâle auréole de la couronne d'Autriche ou le sceptre de plomb d'un czar, qui, pour faire trop toutes ses volontés, ne peut rien faire de grand.

Quoi ! je n'atteindrai pas les convictions de ce parti qui s'appelle national, et dont les principaux chefs ont idolâtré l'Empereur ou idolâtrent son souvenir ? Je ne les persuaderai pas qu'il est infiniment plus digne d'aimer et de respecter un roi constitutionnel tout en exerçant ses droits de citoyen libre, que de s'enorgueillir et de prendre à témoin l'histoire, parce qu'un glorieux despote nous aura dit : « Je suis content de vous ! » — Ah ! il doit être difficile en effet, de persuader ce parti.

Tout est peut-être difficile en ce monde quand on ne s'inspire que de la loyauté et du bon sens. Je vois la presse de toutes les oppositions adorer chaque matin une foule de choses et de personnes bien inférieures à l'Homme-Dieu ! Je la vois adorer MM. Michelet et Quinet, Robespierre et Marat, les Polonais et Fourrier, les corps francs de la Suisse et les mineurs paresseux de Saint-Etienne, le conseil municipal de Toulouse et celui d'Angers, MM. Garnier-Pagès et Ledru-Rollin, MM. Thiers et Barrot : cette royauté en partie double dont moitié gouverne en empereur, tandis que l'autre moitié règne en soliveau ;

C'est incroyable! on adore tout et tout le monde, depuis le bas peuple aux pieds nus jusqu'à l'élite des citoyens croisant le fer ou tirant le poignard de la discussion à l'entour du trône. — Puis on s'arrête là! Le trône, qui devrait être un autel civique jonché de fleurs, un miroir où se reflète la puissance et la poésie nationales, le trône n'est qu'un planton où les railleurs décochent leurs traits, où les assassins envoient leurs projectiles meurtriers.

Les assassins! voilà qui me rappelle le but de ma brochure et ma promesse d'établir la solidarité de l'opposition constitutionnelle dans l'attentat de Fontainebleau.

Mais avant d'en venir là, et après avoir indiqué l'usage que l'opposition devrait faire de son influence sur sa nombreuse clientèle, il n'est pas mal d'indiquer l'usage qu'elle en fait; ce sera d'ailleurs la base et la preuve de mon accusation.

Le parti républicain n'existait pas ; il n'existe pas même encore comme parti, ce n'est qu'une déjection pustulaire, des humeurs et du sang trop chaud du corps social.

Les tolérances de l'opposition lui ont permis de vivre d'abord, puis de s'organiser. Le parti républicain criait, injuriait, menaçait, parlait de liberté; il n'en fallait pas tant pour obtenir le bon vouloir de cet autre parti qui a besoin absolument de crier, d'injurier, de menacer et de parler de liberté. Tout ce que l'on a déployé de vigueur nécessaire contre les troupes de la *Tribune* et du *National* en des jours difficiles, n'a point satisfait l'opposition ; elle a permis seulement de frapper, pourvu qu'on lui permît de regretter.

Par suite, nous avons vu se produire un détestable phénomène : la Phalange radicale s'est recrutée, au fur et à mesure de son affaiblissement, parmi les lecteurs du *Siècle* et du *Constitutionnel*. Et cela se conçoit, il est des tempéraments moraux qui mis une fois en effervescence ne savent plus se retenir. Le cercle de l'opposition légale de ces deux feuilles et de quelques autres aujourd'hui moins puissantes devait finir, eu égard au mouvement épileptique que l'on s'y permettait, par se trouver trop étroit pour certaines natures. Le même phénomène se continue, quoiqu'en de moindres proportions et en de plus innocentes conditions : l'opposition constitutionnelle est une espèce d'école où l'on fait ses humanités d'indépendance ; elle produit de temps en temps des bacheliers ès-république comme de temps à autre les chaleurs de la canicule produisent des bêtes enragées.

A mesure que les saines idées de gouvernement sont devenues plus populaires et ont repris l'exercice de leur légitime domination sociale, l'opposition et le républicanisme se sont affaissés ; celui-ci ayant perdu toutes ses illusions devait perdre de même son audace et ses tendances régicides ; celle-là, moins compromise et peut-être très-consciencieuse dans ses furibondes erreurs, ne s'est modifiée en rien. Elle a vu sa force décroître peu à peu, et elle a accusé le parti conservateur de corruption, de trahison, de prévarication, etc. etc. ; cela n'a point ému le corps électoral, juge en dernier ressort de tous les systèmes et de tous les griefs politiques ; elle s'est alors adressée au peuple. Au lieu de discuter quoi que ce soit en vue des résultats électoraux et parlementaires, elle a tout discuté en vue des passions aveugles de la masse: on lui doit les émeutes de Clermont et de Toulouse sous le prétexte de recensement. Partout où apparaît un germe de désordre, la presse d'opposition le couve avec un air de grande innocence, et si le germe vient à éclore, le parti républicain prend tout sur lui à la manière d'un gérant responsable,— en faveur duquel le *Siècle* et son compère plaident la circonstance atténuante de provocation ministérielle.

Depuis quelques années, les principes conservateurs qui ne siégaient d'abord que dans les esprits et à l'état de calcul égoïste, se sont emparés du caractère national et sont descendus jusque dans l'instinct du bas peuple même. — L'opposition a dû se souvenir que cet instinct et ce caractère avaient des points défectueux, des habitudes mauvaises qu'elle lui avait données, des préjugés affligeants qu'elle avait entretenus; et à tout hasard, sans prendre mesure de la force ou de la faiblesse de ces divers leviers de désordre, elle a pesé sur eux aussi lourdement que possible. L'antipathie ministérielle quand même, l'orgueil français, l'irréligion, l'indifférence monarchique, tout cela a été exploité afin de reconquérir par un suprême effort une popularité mourante.

Le pouvoir ministériel, que soutiennent les intérêts nationaux, que protège le corps électoral, que défendent des feuilles politiques à Paris et dans les provinces, a bravé d'impuissantes attaques.

Mais le pouvoir royal, que personne ne prend la peine

de défendre, parce qu'étant inviolable on ne l'attaque jamais de front et ainsi il paraît n'être point attaqué du tout, parce qu'on le sent invincible quoique vulnérable; le pouvoir royal est devenu comme le défaut de la cuirasse, comme le point faible d'une place de guerre, comme l'organe spécialement maladif d'un corps robuste du reste, qui, l'organe, assume la punition de tous les excès dont il n'est cependant pas coupable. Et l'effort de l'opposition, pesant sur tout à la fois, a fait nécessairement fléchir l'obstacle, seul non étayé et incapable par lui-même de résistance : l'obstacle du pouvoir royal.

On dit que la royauté s'en va; cela n'est pas vrai. Mais quoi d'extraordinaire que cela fût? Tandis que l'impuissance républicaine la pousse par devant, l'opposition constitutionnelle la tire par derrière.

Si les journaux de cette opposition incompréhensible, — les bienvenus du bas-peuple, — qui chaque jour arrivent à lui par centaines de mille gorgés de tout le venin imaginable d'anti-ministérialisme, lui apportaient aussi une goutte de lait monarchique; si seulement dans toutes les occasions marquantes ils lui disaient les mérites personnels du souverain et la grande valeur du principe de la royauté; si en se bornant à des hommages de la plus stricte justice ils laissaient passer en silence les hommages moins parcimonieux de la presse conservatrice, qui au contraire se croit obligée à les restreindre parce que la presse d'opposition les accueille avec colère et y trouve le prétexte d'un dénigrement plein de traîtrise contre la Couronne; si les choses prenaient cet aspect, la moins intelligente partie de la population, éclairée enfin sur les vertus domestiques et sur les vertus civiques du Roi et de sa famille, les placerait tellement haut dans son estime, que les sicaires républicains n'oseraient jamais affronter l'explosion de la haine nationale, et ne sauraient trouver dans les plus énergiques passions de leur cœur un appui pour une pensée de régicide, objet de l'horreur universelle; que jamais un fou même enclin à la manie du meurtre, ne dirigerait cette manie vers le trône, retenu qu'il serait par le sentiment indéfinissable que l'on voit survivre à la raison au profit des lois essentielles de la nature ou de la société : — il n'y a point exemple qu'un fou ait tué sa mère ni insulté Dieu dans une église.

La liberté n'y perdrait rien; je veux le redire encore! On se disputerait les portefeuilles, on fustigerait les fonctionnaires capables ou incapables, on tiraillerait ou on insulterait les majorités du parlement et des colléges électoraux; on ferait tout ce que l'on fait! Nous nous ébattrions, du moins sans crainte du lendemain, autour de notre royal palladium. Nous emploierions peut-être à de grandes entreprises ou à de grandes réformes le temps perdu à flétrir des attentats ou à conjurer des catastrophes, et les plus fortes pièces de notre échiquier social cesseraient d'être paralysées par ce cri de tous les instants: *Échec au roi!*

Mais les feuilles de l'opposition constitutionnelle et ceux qui les inspirent agissent tout autrement. Loin de nous aider à remettre le peuple dans la bonne voie, ils spéculent sur son indifférence ou sa mollesse, qu'ils prennent pour de l'antipathie, et ils croient devenir d'autant plus populaires qu'ils maltraitent davantage la royauté.

Chaque fois qu'un projectile républicain a sifflé aux oreilles du Roi, la presse conservatrice n'a point retenu son indignation; l'autre presse soi-disant dynastique lui en a toujours fait un crime; elle a toujours voulu voir dans cette indignation une menace contre la liberté et un projet de loi draconienne contre les erreurs des partis; sous prétexte de ne point émouvoir des passions dangereuses, elle a imposé silence aux organes de la vindicte publique; sous prétexte de garantir les droits généraux de l'accusé, innocent jusqu'après sa condamnation, elle a gémi sur les lenteurs ou les formes acerbes de la justice; elle a été jusqu'à faire du régicide un moyen d'opposition en l'attribuant à l'impopularité du ministère! et une fois l'émotion nationale bien compressionnée, une fois les élans d'affection pour le souverain bien amortis, une fois le crime bien exploité à l'encontre du parti conservateur et à l'encontre du Roi lui-même, qui malheureusement, disait-on avec une doucereuse hypocrisie, ne s'écarte pas assez de nos débats politiques; une fois les journaux républicains seuls maîtres de la parole et de son influence dont ils n'usaient que pour élever un piédestal civique à l'assassin, la presse d'opposition servait alors à ses lecteurs des menus détails de régicide parfaitement décolorés, parfaitement inodores, tels, qu'un procès de cour d'assises intéresse et émeut davantage.

Lorsque les Chambres et les principaux corps de l'administration publique offrent au roi leurs vœux de bonne année, ou le félicitent à propos de sa fête, ou se réjouissent de l'avoir vu échapper à une tentative odieuse, ou s'affligent d'un affreux malheur tombé sur lui; la presse d'opposition, tout en payant sa dette constitutionnelle s'il y a lieu au moyen de phrases chanvreuses et insolentes de banalité qui rappellent la formule *J'ai l'honneur de vous faire part,* l'opposition analyse les discours et leur trouve une foule de ridicules contraires à la dignité d'un grand corps politique ou administratif; si bien que sa censure, combinée avec les pasquinades de la presse radicale, détruit l'heureuse impression de ces discours sur l'esprit du peuple.

Lorsque l'on offre à l'admiration publique les grands travaux exécutés dans le palais de Versailles et dans tous les palais de la Couronne, en faisant honneur du bon goût et de la magnificence de ces travaux au patriotisme du roi, la presse d'opposition les dénigre tant qu'elle peut au point de vue de l'art ; après avoir répété cent fois et amèrement que c'est le peuple qui les paye, elle ajoute qu'on les a utilisés électoralement, et que les meilleurs tableaux ne sont que des croûtes confectionnées par des artistes inconnus ayant des *honorables* pour protecteurs.

Lorsque l'on parle des réceptions brillantes des Tuileries, la presse républicaine prétend que c'est une ignoble cohue et que l'on y mourait de soif; la presse d'opposition se garde bien de dire le contraire et de repousser une telle injure faite à la classe moyenne, ce serait presque défendre le roi! Elle pense que tant d'argent perdu en gaspillage serait peut-être mieux employé à secourir les malheureux.

Lorsque l'on rappelle les millions que la Liste civile éparpille chaque année dans les classes pauvres, ou les dépenses énormes que nécessitent à nos princes leurs laborieux voyages dans notre pays, dont ils veulent connaître les besoins et recueillir les vœux, le *Siècle* et le *Constitutionnel* prévoient une demande d'argent aux Chambres et s'empressent de défendre la bourse des contribuables, où la Couronne disent-ils, ne se lasse pas de puiser.

Lorsqu'après des efforts inouïs pour renverser le ministère par des accusations exécrables, on arrive à comprendre que tout cela ne sert de rien, et que le bénéfice d'un plus ou moins grand nombre de sympathies virulentes s'annule par la perte de l'estime de tout ce qui est raisonnable, honnête et puissant dans la nation, c'est vers la royauté que se tourne le satanique effort ! M. Thiers, Pépin le-Bref de l'opposition, et son roi Thierry M. Barrot, s'imaginent voir des représentants de la couronne à la Chambre dans les trois ou quatre officiers de la maison du roi, et ils proposent de chasser le roi en la personne de ses aides-de-camp. La Chambre repoussera la proposition ; qu'importe ! L'injure est faite et le souverain calomnié. — Le ministère Guizot est comme Mithridate à l'épreuve du poison, au moins du poison de la publicité ? à l'épreuve des morsures du serpent comme la lime ? eh bien M. Thiers se tournera d'un autre côté ; il attaquera la place précisément là où on ne peut la défendre sans la compromettre ; il reprochera au ministère de n'être que le serviteur très-humble du Roi, l'instrument de sa volonté, le docile gendarme de sa politique. M. Thiers, par respect pour l'inviolabilité du chef de l'Etat, ne citera aucun fait, ne fournira aucune preuve, mais il laissera deviner tout ce que l'on voudra : en sorte que son discours, parfumé des adorations de ses journaux et tiré à deux cent mille exemplaires, apprenne à la France comment Louis-Philippe absorbe toute l'autorité administrative et gouvernementale; comment un monarque représentatif peut être traité avec le plus superbe dédain du haut de la tribune nationale même.

Lorsque le *Journal des Débats, la Presse* ou *l'Époque* se permettent d'ôter leur chapeau devant la Couronne n'importe en quelle circonstance, vite la presse d'opposition enfonce le sien jusqu'aux oreilles. Elle crie à la flagornerie et à la bassesse. Elle signale « les tendances courtisanesques de ces imprudents qui voudraient nous ramener aux plus mauvais jours de la Restauration, perdue ainsi par de misérables flatteurs »; elle croit que ces articles « où l'on respire l'arôme nauséabond du plus plat langage des cours absolutistes, émanent du *château*, et sont l'œuvre de la stupide *camarilla* qui obstrue toutes les avenues du pouvoir et dépopularise le premier fonctionnaire de l'État. » L'infortuné journal où s'est produite la meilleure de ces rares politesses, est désormais « l'organe de la *cour*, l'organe du *château*, l'organe de ce *pouvoir invisible* dont on retrouve partout la trace illégale, l'organe des projets élaborés *en haut lieu!* » — Et voilà le Roi solidaire des opinions de ce journal ou des formes irritantes de sa polémique.

Le Roi ? Mais il est permis d'en dire tout le mal imaginable, de l'outrager avec la dernière insolence, pourvu que l'on s'y prenne adroitement et qu'on le frappe sur les épaules de la Liste civile : voyez plutôt les feuilles radicales ! Il a été ridiculisé et calomnié par elle dans des lithographies quotidiennes, dans des livres, dans des brochures, dans des journaux de toute couleur, dans des plaidoiries d'avocat, dans des discours tortueux de députés, et il l'est chaque jour encore sous le voile transparent dont la pensée française se couvre si bien ; — Avez-vous jamais vu la presse d'opposition dynastique en montrer l'ombre d'un regret? L'avez vous jamais vue, si ce n'est le lendemain d'une tentative de régicide et alors qu'elle s'attache distraitement au bras un crêpe officiel, l'avez-vous jamais vue s'associer aux douleurs et aux ennuis du Roi? l'avez-vous jamais vue repousser dans un simple paragraphe de vingt lignes, l'une des cent millions de lâches attaques qui depuis seize ans lui arrivent de tous côtés en récompense de tant d'épreuves, de tant de labeur, de tant de services rendus à la patrie?

Jamais! Jamais! La presse d'opposition ne cesse d'arracher les feuilles de l'arbre royal au fur et à mesure qu'elles poussent, et elle entre en fureur chaque fois que la presse conservatrice arrose cet arbre dont pourtant l'ombre bienfaisante nous couvrirait tous.

Oui, si vous voulez haïr le Roi et faire contre lui de la propagande de haine, — à moins de vous asseoir de vous-même sur le banc des assises en parlant avec une crudité stupide, — vous êtes libre! La presse d'opposition constitutionnelle vous laissera faire et au besoin vous défendra beaucoup plus habilement que les organes républicains. Mais si vous vous avisez d'aimer le roi et si vous vous permettez de le dire ou de l'écrire, même fort prosaïquement, oh! alors, tenez-vous bien! Toutes les feuilles de l'opposition dynastique vous imposeront silence et vous flétriront. Il vous faudra, comme un soldat russe subissant la schlague, passer entre cinq cents journaux échelonnés sur la surface du pays, et subir l'injurieuse atteinte de leurs fouets.

Nous étonnerons-nous maintenant, de voir le Roi en butte à l'assassinat?

Qui et quoi donc retiendrait l'assassin? La peine de mort? La peine de mort est d'une faible autorité, puisque l'échafaud se dresse en France quarante à cinquante fois par an. L'opinion publique? Ah! cela peut sauvegarder votre concierge; le misérable qui le frapperait sait à l'avance que la presse conservatrice, légitimiste, radicale, religieuse, littéraire, industrielle et d'opposition, lui infligerait une sentence de mépris unanime; il sait que le détails de son assassinat seraient reproduits avec de sévères réflexions dans les mille à douze cents journaux de Paris et de la province, et que son nom acquerrait la célébrité humiliante du déshonneur; ainsi, l'opinion publique sauvegarde très-bien votre concierge;

Elle ne sauvegarde pas votre Roi!

Au contraire. — Le Roi est la seule personne en France dont on puisse menacer les jours sans avoir à craindre cette unanime, loyale et énergique flétrissure de la publicité qui constitue l'opinion publique et fait peur à l'orgueil du criminel. Vienne un régicide: les organes reconnus de l'opposition, le *Siècle* et le *Constitutionnel* par exemple, influençant tous les jours soixante mille abonnés et un million de lecteurs; recueillant, de leur propre aveu, les sympathies de cette masse énorme d'individus qui pour ne point appartenir peut-être au corps électoral ne compte pas moins très-largement dans l'opinion publique, le *Siècle* et le *Constitutionnel*, dis-je, s'arrangeront de manière que l'assassin du Roi n'inspire qu'un sentiment de curiosité. Ce sera un maniaque, un imbécile, dont la tentative mérite à peine qu'on en parle si ce n'est comme d'un fait-divers. Ils feront un tel tapage, un tel mouvement autour de lui, ils le couvriront avec tant de soin de leur corps et de la polémique de leurs intérêts personnels, que personne ne songera plus à mesurer la taille de son forfait!

Mais c'est peine perdue, messieurs les soi-disant organes du peuple! Votre attitude même indique aujourd'hui votre complicité.

Le régicide Lecomte ne sort pas des rangs républicains, ni des rangs légitimistes qui n'a jamais compté que des victimes; il sort des rangs plus nombreux où votre influence s'exerce avec un déplorable succès; et son crime est celui d'un *indifférent* monarchique! Il a tiré sur le Roi sans prétexte, par pure fantaisie; sa colère ne sachant à qui se prendre d'une destitution, s'est prise à celui-là justement qui, placé plus haut que nous tous, attirait ses regards; il l'a trouvé seul dépourvu de la protection du sentiment public,—car le sentiment public, pour Lecomte, homme du bas peuple, c'est le sentiment de la classe dans laquelle il avait toujours vécu, de la classe que l'opposition dynastique impressionne chaque jour de ses écrits!—il savait bien qu'au lieu d'inspirer une horreur profonde à ses pairs, son *coup-de-tête* les trouverait presque indifférents, et que vous seriez tous d'ailleurs son avocat d'office!

Vous devez l'être en effet. Lecomte est votre client naturel; s'il n'a pas lu vos réflexions traîtresses sur la royauté depuis seize ans et depuis trois mois surtout, il les a rencontrées chaque jour sur son chemin à l'état de sentiment dédaigneux envers la Couronne: s'il ne s'est point entretenu ni avec ce sentiment ni avec vos réflexions, il les a respirés, sans le savoir, comme on respire l'air pur ou impur des lieux que l'on habite.

C'est un crime isolé, dites-vous? Ah! plût à Dieu que ce fût le crime d'un Alibaud, on saurait du moins qu'y faire!

C'est bien pis que cela ! C'est le crime de l'indifférence...

Où cela s'arrêtera-t-il maintenant? Qui nous assure qu'après ce maniaque, un autre, dix autres, cent autres ne vont pas, au jour d'une capricieuse fureur, d'un faux pas de l'esprit, d'une orgie de table, sortir de ces groupes nombreux dont vous avez fait l'éducation civique?

Mais si l'on se prend à vouloir tuer le Roi sans motif, il ne sera pas tué par une bête fauve du parti radical, il y aurait motif; il ne sera pas tué par un citoyen du parti conservateur, ce parti aime et respecte le roi ; il ne pourrait être tué que par un homme de l'opposition constitutionnelle, un homme aux idées politiques négatives fumant dans une tête chaude, un homme de l'*insouciance dynastique*, qui, en proie à une accidentelle fureur, tirera sur le Roi de préférence parce que le Roi attire davantage l'attention, et fera de la couronne ce que les buveurs exaltés font de la glace d'un estaminet au milieu d'une querelle : cette glace est parfaitement innocente, ils la cassent parce qu'elle brille.

Oui, oui, voilà où nous a conduits l'opposition dynastique avec ses spéculations sur la popularité. — Je sais bien que tous ses efforts, calculés ou ineptes pour affaiblir le trône, n'ont pas retenu la marche du temps, et que pour brouter les feuilles qui verdissent sur l'arbre de la monarchie, elle n'a pas empêché les racines de s'étendre bien avant dans le sol national. Je sais bien que l'opposition, en habit ou en veste, est plus tapageuse que forte, plus ridicule qu'influente, et que si elle osait dire tout net « nous ne voulons pas de roi », les amis de la royauté souffleraient sur elle, et il n'en serait plus question.

Après? Cela empêche-t-il qu'elle ne réussisse à maintenir des préjugés contre la Couronne dans une certaine classe, et qu'il ne puisse sortir de cette classe, armés d'un mousquet régicide, des gens ivres de vin ou de méchantes lectures? — Non certainement!

Je sais bien même que l'opposition ne vise point du tout à de si déplorables conséquences : il est dans la nature de son esprit de faire le mal sans le savoir. Ce n'est pas un motif pour le lui tolérer à jamais. Il faut qu'enfin ses habitudes d'antipathie contre la Couronne aient un terme, et qu'on les fustige énergiquement, ne fût-ce que par les fières et implacables violences de la polémique.

Mais abrégeons. L'opposition a cru que les sentiments du bas peuple pouvaient réagir sur le corps électoral, et que celui-ci accorderait peut-être à la crainte ce qu'il n'accordait ni à l'estime ni à la confiance.

Elle s'est trompée deux fois!

La clientèle des journaux de l'opposition est indifférente envers la royauté, elle ne lui est point contraire! Que les feuilles conservatrices aient l'heureuse inspiration de réserver quotidiennement cent lignes pour instruire leurs lecteurs des faits et gestes du souverain et de sa famille, et qu'elles les défendent avec énergie, les clameurs du *National*, du *Siècle* et du *Constitutionnel* et les charges du *Charivari*, n'empêcheront pas ces feuilles d'être lues avidement par le peuple! En effet, il n'est pas donné à l'homme le plus habile et le plus opiniâtre d'avilir longtemps ce qui est bon et d'enlaidir ce qui est beau, ni d'éteindre une idée forte et féconde qui pendant des siècles a reçu les hommages de l'humanité entière.

Le principe de la royauté est une falaise de roc où se brisera le flot du républicanisme aussi bien que s'y usera la gencive venimeuse de l'opposition.

Notre grand jury politique le corps électoral va bientôt se réunir. Que l'opposition se présente devant lui sous les auspices de sa mansuétude à l'égard de l'attentat de Fontainebleau, ou sous les auspices de la popularité honteuse que lui a value son système d'indifférence monarchique, ou sous les auspices du fameux discours de M. Thiers!

Elle verra quel accueil on lui réserve et comme elle sera reçue!

Mais si l'échec nouveau qui l'attend ne la corrige pas; si elle ne peut aimer et défendre le principe important que nous aimons et que nous défendons;—que du moins l'on se décide à le lui faire craindre!

Initium sapientiæ timor Domini.